MÉMOIRE

RÉDIGÉ A L'OCCASION

De la Pétition présentée à l'Assemblée Nationale par les Commerçants européens du Sénégal;

PAR

M. DURAND VALANTIN,

Habitant indigène du Sénégal.

BORDEAUX,

Imprimerie des Ouvriers-Associés, rue du Parlement-Sainte-Catherine, 19.
(Métreau, gérant-titulaire.)

1849
1850

MÉMOIRE

rédigé

A L'OCCASION DE LA PÉTITION PRÉSENTÉE A L'ASSEMBLÉE NATIONALE PAR LES COMMERÇANTS EUROPÉENS DU SÉNÉGAL;

PAR

M. DURAND VALANTIN,

Habitant indigène du Sénégal.

Une pétition signée de quarante-six commerçants européens, résidant à Saint-Louis (Sénégal), a été adressée à l'Assemblée législative, à l'effet de demander le rappel de l'arrêté du Président de la République, en date du 5 mai 1849, lequel arrêté, visant l'ordonnance du 15 novembre 1842, relative à la traite de la gomme dans cette colonie, porte :

« ART. 2. — La traite de la gomme aux escales ne pourra
» être faite que par l'intermédiaire de traitants soumis aux
» conditions suivantes :

» ART. 3. — Le Gouverneur, en conseil, formera une liste
» générale des traitants.

» Pourront être inscrites sur cette liste, toutes personnes
» qui en feront la demande, et qui, âgées de vingt-un ans,
» nées au Sénégal et dépendances, ou inscrites depuis cinq
» ans au moins sur les listes de recensement de la population
» indigène, ne paieront patente, ni comme marchands, ni
» comme négociants. »

Les pétitionnaires attaquent aujourd'hui ces dispositions *comme créant un privilége en faveur des noirs et indigènes du Sénégal.*

Avant d'aborder les considérations développées à l'appui de

la pétition, il ne sera peut-être pas sans intérêt de faire remarquer que l'ordonnance de 1842, dont l'arrêté n'est que la reproduction textuelle dans ses principales dispositions, compte sept années d'existence, et n'avait été jusqu'ici l'objet d'aucune réclamation de la part du commerce européen, alors qu'il pouvait s'élever, avec plus de raison peut-être, contre le droit exclusif de faire la traite de la gomme, attribué à un nombre limité de traitants. C'est que tout le monde reconnaissait alors que l'ordonnance ne faisait que légaliser, en quelque sorte, la coutume traditionnelle qui avait fait des indigènes de Saint-Louis les intermédiaires naturels de notre commerce avec les riverains du Sénégal, comme l'avenir leur réserve la mission de faire pénétrer la civilisation dans l'intérieur du continent africain. C'est qu'un intérêt politique, dont les pétitionnaires ne semblent plus tenir aucun compte, mais qui, à une autre époque, a justement excité leurs préoccupations non moins que celles de la Commission chargée de préparer l'acte de 1842, commandait de veiller à la protection de cette classe d'hommes dont l'intervention, comme l'a dit l'honorable rapporteur de cette Commission, est indispensable dans la traite, et ne saurait être paralysée sans compromettre l'existence de la population indigène, qui vit de leur industrie et sous leur influence, et dont le maintien, le bien-être même, sont nécessaires à la sécurité de la colonie comme à la prospérité de son commerce.

Eh quoi! c'est ce droit attribué à un nombre déterminé de traitants, reconnu et accepté naguère comme une nécessité d'ordre public, qui serait attaqué aujourd'hui parce que les nécessités de la transformation sociale que l'émancipation a opérée, ont imposé au gouvernement le devoir d'en étendre le bénéfice à toute la population indigène? Et c'est sous l'invocation des principes de fraternité et d'égalité, que l'on voudrait, en consommant sa ruine, réduire cette population de quinze mille âmes à l'état d'ilotes, condamnés à servir d'instruments à l'ambition de quelques privilégiés de la fortune?

Les pétitionnaires invoquent bien aussi le principe de la liberté commerciale; mais n'est-il pas facile d'apercevoir que sous ce voile, dont ils n'ont pas pris grand souci de dissimuler la transparence, se cachent des préoccupations peu fraternelles dont le but pourrait bien être la substitution d'un autre privilége à celui contre lequel ils s'élèvent : le privilége de l'argent, de la fortune, mis à la place de celui qui, au tort immense d'exclure les quarante-six signataires des escales, présentait du moins la compensation non moins grande d'assurer l'existence de quinze mille individus ?

Mais, non! le temps n'est plus où les hommes étaient comptés pour si peu, qu'ils dussent périr plutôt qu'un principe!

Si les pétitionnaires se sont montrés avares de développements à l'endroit de la question de principe qu'ils ont à peine effleurée, comme s'il leur suffisait de l'indiquer pour que l'application suivît immédiatement, en revanche, avec quelle complaisance ne se sont-ils pas appliqués à déverser l'injure sur les traitants, et à mettre en relief, à défaut de meilleurs arguments, sans doute, leurs vices vrais ou faux !

Cette étrange manière d'argumenter révèle un sentiment hostile qui vient très-malencontreusement se produire dans des circonstances où il eût été du devoir de tout bon citoyen de concourir à cicatriser les plaies profondes sous lesquelles gémit la colonie, et à rendre à la population indigène la sécurité et la confiance qui lui sont si nécessaires, et qui tendent à resserrer les liens qui l'attachent à la France.

Ce conflit est affligeant! A Dieu ne plaise que je veuille l'aggraver en ouvrant la voie à de faciles récriminations! Une fois la lutte engagée sur ce terrain, la victoire n'appartiendrait peut-être pas aux agresseurs; mais pour les vainqueurs comme pour les vaincus, ce sont de ces luttes qu'il faut éviter, parce que le succès en est toujours suivi d'amers regrets.

Ma position, non moins que mes propres inclinations, m'imposent le devoir de faire abstraction de la forme insolite et quelque peu malveillante, et de ne m'attacher qu'au fond de la pétition. L'exemple donné par les rédacteurs est, on ne saurait le contester, déplorable et peu digne de trouver des imitateurs. Néanmoins, il m'est impossible de passer sous silence, sans une énergique protestation, certaines critiques amères et blessantes qui n'auraient pas dû trouver place dans un pareil document. Je m'appliquerai à éviter cet écueil et à examiner, d'ailleurs, les graves questions qui y sont agitées, avec la modération et la réserve qu'elles comportent, et sans lesquelles les discussions les plus sérieuses dégénèrent toujours en luttes d'amour-propre et de personnalités.

Les rédacteurs de la pétition se sont complu à faire de nombreux emprunts au travail de la Commission de 1842. Nous puiserons à la même source les moyens de combattre leur argumentation, car c'est dans ce document qu'il faut rechercher l'esprit qui présida à l'adoption de la mesure contre laquelle sont dirigées leurs attaques. Les considérations qui préoccupèrent la Commission à cette époque, quoique tirées d'un ordre d'idées différent avec celui qu'ont adopté les pétitionnaires, conservent non-seulement toute leur valeur, mais encore elles empruntent une nouvelle force à la nécessité actuelle d'améliorer une situation que les événements politiques survenus en France, et l'état des affaires dans la colonie, rendent plus digne encore de la sollicitude du Gouvernement.

Le rapport de la commission (page 258) s'exprime ainsi :

« Cette mesure (la formation des traitants en corporation) » crée, il est vrai, un privilége en faveur des traitants, puis-» qu'elle leur réserve le droit exclusif de servir d'intermédiaires » à la traite aux escales; mais ce privilége, analogue à beau-» coup d'égards à ceux dont jouissent en France les agents de » change, courtiers, etc., n'est en réalité que la légalisation » d'un fait existant et pleinement constaté. Il est, comme eux, » d'ordre public, et se justifie, en principe, par la spécialité » qu'exige, de la part des traitants, l'exercice des fonctions » commerciales qui leur sont réservées, en fait, par les abus » auxquels la libre concurrence a incontestablement donné » lieu, et par la nécessité non moins évidente de seconder la » libération des traitants. »

On voit que cette commission, composée d'hommes éclairés et parfaitement compétents pour résoudre les questions que le Gouvernement soumit à leurs investigations, n'hésita pas à déclarer que le privilége qu'elle proposait de créer en faveur des traitants était d'ordre public. Émise sous l'empire des préoccupations qu'avait fait naître dans son esprit la position des traitants, courbés sous le poids d'une dette immense, cette opinion ne se rapportait pas uniquement à une situation transitoire qui pouvait disparaître par l'extinction de la dette, elle se rattachait encore à la condition qu'il importait de faire à la population indigène, sous le double point de vue de la conservation de ses intérêts et du maintien de l'ordre dans la colonie.

Dans ce rapport, lumineux et brillant résumé de ces investigations, éclate partout la conviction que la Commission s'est formée, que les grandes considérations politiques qui dominaient la question, la conduisaient forcément à faire une large part à l'intérêt indigène dans les résolutions qu'elle était appelée à proposer au Gouvernement. C'est ainsi qu'en parlant de ces élans spontanés qui poussent la population indigène à voler au devant de l'ennemi, elle dit (page 218) :

« Ils marchent à la défense commune, bravant sans hésiter,
» pour la protection de leurs foyers et le maintien de la puis-
» sance de la France, qu'ils se font gloire de nommer leur
» pays, les hasards de la guerre et les dangers plus redouta-
» bles encore du climat. C'est grâce à cette population coura-
» geuse et dévouée que la France doit de pouvoir, avec une
» faible garnison de cinq à six cents hommes, se faire respec-
» ter de voisins turbulents et guerriers, maintenir sous ce ciel
» dévorant l'honneur de son drapeau, et conserver une pré-
» cieuse possession pour son commerce, à laquelle l'avenir ré-
» serve sans doute une destinée plus utile et plus glorieuse en-
» core, celle de concourir à faire pénétrer la civilisation en
» Afrique. »

Plus loin, reconnaissant que la nature de son commerce place le Sénégal dans une situation exceptionnelle qui exclut toute idée d'assimilation avec nos autres colonies, la commission ajoute (page 219) :

« Dans celles-ci, au milieu d'une civilisation plus ou moins
» avancée, des intérêts agricoles et industriels reposant sur la
» propriété du sol, se mêlent et se croisent avec les intérêts
» commerciaux; au Sénégal, au contraire, où l'intérêt com-
» mercial règne sans partage, un commerce en quelque sorte
» primitif, qui se fait avec des peuples chez lesquels la civili-
» sation est encore à naître, par l'intermédiaire indispensable
» d'une population sur le maintien et la prospérité de laquelle
» repose toute notre puissance, est le moyen unique de toutes
» les existences, le but exclusif de toutes les ambitions, le
» principe de tout succès. »

Certes, dans une circonstance aussi grave pour eux, si les habitants du Sénégal pouvaient s'abandonner à l'attrait d'une vaine satisfaction d'amour-propre, ils n'auraient qu'à opposer l'éclatant témoignage de justice dont ces paroles sont l'expression, aux imputations dont la pétition est l'écho. Mais le témoignage de leur propre conscience doit leur suffire : ils savent que leur affection et leur dévoûment à la France sont restés à la même hauteur, et il suffirait, pour s'en convaincre, de se reporter aux événements dont le Fonta vient tout récemment d'être le théâtre. Ils savent aussi, que si leur ignorance est imputée à crime dont on appelle le châtiment sur leur tête, ils trouveront près du Gouvernement la même justice et un appui aussi efficace que par le passé ; ils trouveraient même, au besoin, dans les honorables membres de la Commission de 1842, d'éloquents et généreux défenseurs.

Mais le soin de défendre un intérêt bien plus important, l'intérêt de leur existence et de celle de leurs familles, doit plus exclusivement nous préoccuper. Aussi, en ramenant les appréciations de la Commission à leur valeur réelle et au but auquel elles tendaient, pourrons-nous invoquer avec confiance l'appui de cette autorité au triomphe de leur cause.

Pour avoir sept années de date, ces appréciations ont-elles moins de valeur que le jour où le Gouvernement en consacrait le principe dans l'ordonnance du 15 novembre 1842 ? Des jours plus prospères ont-ils lui sur le pays, et des améliorations se sont-elles produites dans l'état matériel de la population ? Dans l'état intellectuel, a-t-elle fait des progrès tels qu'on doive s'en autoriser pour lui imposer sans discernement, hâtivement, des institutions pour lesquelles elle n'est pas mûre encore ? En prévision d'une modification aussi profonde dans le régime économique de la colonie, des mesures ont-elles été prises pour donner aux indigènes une direction autre que le commerce, que la traite de la gomme, seule voie qui fournisse un aliment approprié à leur activité et à leur intelligence, et qui assure matériellement leur existence ?

Enfin, les conditions générales de la société sénégalaise justifient-elles l'opportunité de l'abrogation de l'arrêté du 5 mai 1849, et, par suite, l'abandon et le sacrifice d'intérêts divers aussi importants que ceux que représente la classe la plus nombreuse de cette société ?

De l'examen rapide de ces questions, il ne sera pas difficile de faire ressortir la nécessité plus urgente que jamais de maintenir le régime en vigueur, et de laisser au temps le soin d'indiquer, dans sa marche successive, les modifications que comporteront les progrès intellectuels de notre société coloniale.

La situation commerciale de la colonie fut jugée assez critique en 1842 pour nécessiter l'intervention du Gouvernement, intervention qui se manifesta par la concession du privilége dont la pétition a pour objet de réclamer l'abolition.

Les deux traites de gomme qui suivirent et qui eurent lieu sous l'empire de l'ordonnance du 15 novembre, n'apportèrent aucun soulagement à l'état des choses, quoiqu'en 1844 les négociants européens eussent réalisé des bénéfices considérables. Cette circonstance paraîtra singulière ; elle tient à des causes que nous expliquerons plus loin, qui présentent cette choquante anomalie de voir, dans une colonie française, des intérêts tellement distincts et séparés, que lorsque le négociant gagne, le traitant perd, et que la somme des pertes est généralement en raison inverse de l'importance des bénéfices.

Ce ne fut donc qu'en 1845 que l'abondance des gommes permit aux traitants de participer aux avantages que cette campagne assura à toute la population. La situation s'éclaircit un peu. L'année 1846 fut nulle pour les traitants ; mais celles qui suivirent, furent désastreuses autant par la disette de produit que par la baisse des prix en France. Les pertes de 1848 furent dues en grande partie à la déplorable direction donnée aux affaires politiques du fleuve, direction qui fut signalée et stigmatisée dans un Mémoire en date du 23 août 1848, adressé à M. le Ministre de la marine et des colonies.

La traite de 1849, qui s'est ouverte sous les plus favorables auspices, n'a pas réalisé les espérances qu'elle promettait, et les pertes ont été d'autant plus grandes pour les traitants, que, séduits par les apparences, ils avaient combiné leurs opérations en vue d'une abondante récolte. Il en est résulté que les gommes traitées suffisant à peine au paiement des marchandises d'échange, ils ne participeront en aucune manière à la reprise du cours des gommes en France, dont les négociants seuls profiteront.

A des résultats si funestes, vient s'ajouter l'immense dommage de l'émancipation qui pèsera longtemps sur la colonie, et auquel l'exiguité de l'indemnité et le mode adopté pour en opérer le paiement, seront loin de porter un suffisant allégement.

Assurément il n'apparaît dans cet exposé très-succinct, mais vrai, aucun symptôme d'amélioration dans le bien-être de la population. Si la situation ne s'est pas aggravée, elle est au moins restée au niveau de celle de 1842; mais politiquement, elle s'est compliquée des nécessités que l'émancipation a fait naître, et qui suffiraient, à elles seules, pour motiver une énergique résistance à la demande des pétitionnaires.

Les conséquences de cette situation n'ont pas dû, comme bien l'on pense, exercer une salutaire influence sur le développement des progrès intellectuels. Jusques dans ces dernières années, l'enseignement public au Sénégal avait reçu si peu d'encouragements et subi un tel abandon, les écoles, lorsqu'il y en avait, étaient si mal dirigées, qu'il ne restait aux familles, pénétrées des bienfaits que l'instruction procure, que la ressource d'envoyer leurs enfants en France; mais encore fallait-il, pour user de cette ressource, des moyens pécuniaires auxquels l'état de fortune des parents ne permettait pas toujours de pourvoir; aussi, peu de sujets purent-ils être dirigés sur les écoles de la métropole pendant la période écoulée depuis 1842.

Ce n'est pas ici le lieu d'approfondir cette question de l'enseignement au Sénégal, et de signaler l'abandon dans lequel a été laissé cette branche si importante de l'administration de la colonie; mais on ne saurait se défendre d'une pénible impression en songeant que sans cette funeste incurie, la face du pays, depuis trente ans que la France en a repris possession, serait aujourd'hui totalement changée. S'il était possible d'admettre qu'un intérêt quelconque existât pour maintenir la population dans un état d'ignorance permanent, pour la tenir en charte-privée, afin de la dominer de toute la hauteur qui sépare la civilisation de la quasi-barbarie, tout ce qui a été fait tendrait à donner à cette supposition, qui serait absurde, le caractère de la vraisemblance.

Quoi qu'il en soit, et malheureusement le témoignage des pétitionnaires eux-mêmes viendrait, au besoin, confirmer notre dire, il n'est douteux pour personne que, dans cette période de trente années, les progrès ont été si lents, si peu sensibles, que le maintien du régime exceptionnel, encore en vigueur dans la colonie, serait aussi rationnel, aussi fondé, que l'application qui en fut faite à une époque plus reculée.

En effet, les institutions doivent être faites en vue des hommes, des mœurs et des besoins d'un pays. C'est une vérité élémentaire que les pétitionnaires n'oublient qu'en s'abandonnant à la pression de leur intérêt privé. Que ne demandaient-ils, quand ce n'eût été que pour mieux dissimuler cette préoccupation, une assimilation complète, une application absolue du droit commun de la métropole?

Mais, mieux initiés que personne à l'ensemble de la situation du pays, ils savent aussi que, moins que partout ailleurs, cette application serait praticable, nécessaire, opportune. Que réclament-ils? Que la traite soit libre pour tout le monde, mais qu'elle demeure réglementée telle qu'elle est aujourd'hui. Cette contradiction ne prouve-t-elle pas tout d'abord qu'ils reconnaissent eux-mêmes la nécessité d'une législation exceptionnelle? car, s'il existe quelque chose qui soit le contrepied du droit commun, ce sont assurément les arrêtés et les réglements presque draconiens qui régissent le commerce de la gomme aux escales. Aussi, s'ils semblent s'en inquiéter si peu, c'est que leur but est, avant tout, de s'ouvrir l'accès des escales, sauf plus tard à se retourner contre ces réglements dont ils auront bien vite raison.

Au Sénégal, où les hommes et les choses s'éloignent si profondément des conditions ordinaires d'une société régulièrement organisée, cette vérité devait être le guide de l'administration ; et, si les reproches d'incurie qui lui ont été adressés sont justement fondés ; si les faibles efforts tentés pour faire pénétrer l'instruction dans la masse de la population indigène sont demeurés infructueux, on ne saurait nier du moins qu'elle ne se soit appliquée à mettre au niveau des esprits les institutions à l'adoption desquelles elle a été appelée à concourir, et qu'elle n'ait agi de la sorte avec plus de discernement qu'elle en a montré lorsque, désertant sa mission civilisatrice, elle vouait à un coupable abandon l'existence morale et intellectuelle des habitants du pays, et oubliait que la diffusion des lumières est le plus puissant auxiliaire de l'action gouvernementale.

Dans cet ordre d'idées, et au point de vue spécial de la question qui nous occupe, l'ordonnance de 1842 ne doit pas être envisagée comme ayant été dictée uniquement par les considérations politiques auxquelles j'ai fait allusion ; elle fut rendue aussi en vue des hommes qui avaient à la comprendre, et qu'elle avait à régir ; et la simple lecture des dispositions qu'elle renferme, suffira pour prouver, qu'incompatible avec la liberté de la traite, elle tomberait virtuellement, par le fait seul de la présence des Européens aux escales. Comment admettre, en effet, que ceux-ci, une fois libres de faire la traite de la gomme, consentent à se soumettre à un régime qu'ils ont déclaré être bon seulement pour des gens illétrés, auxquels il était nécessaire d'imposer une sorte de tutelle, et ne prétendent pas s'affranchir de toutes les restrictions contenues dans l'ordonnance, restrictions qui, appliquées à des Européens, deviendraient une injure faite à leurs lumières autant qu'une entrave arbitraire à leur liberté d'action? Comment expliquer, dès-lors, cette contradiction que j'ai déjà signalée dans les conclusions de la Commission, à savoir : *liberté de la traite et maintien des réglements existants?* Ou les pétitionnaires se font illusion sur le degré d'obéissance passive qu'ils sont disposés à accorder à ces réglements qui, cependant, ont été souvent, de leur part, l'objet de violentes critiques; ou la proposition, réduite à des termes si simples, est un leurre pour cacher d'autres desseins dont il importe que le Gouvernement ne prenne aucun ombrage. Quoi qu'il en soit, pour qui connaît le Sénégal, il est impossible de ne pas reconnaître que la liberté du commerce et l'admission des Européens dans le fleuve, deviendront le signal de profondes modifications dans le régime commercial du pays, et l'occasion de complications non moins graves dans nos relations politiques avec les riverains du Sénégal.

Ce sont là des questions dont la gravité a pu échapper aux pétitionnaires exclusivement dominés par leur intérêt privé; mais elles ne pouvaient manquer d'être l'objet de méditations sérieuses pour celui que préoccupe, avant tout, le bonheur de son pays.

Au Sénégal, le commerce et la politique extérieure se lient si étroitement, que faire abstraction de celle-ci dans des questions de la nature de celle dont les pétitionnaires se sont occupés, c'est faire de la théorie dont l'application n'est rien moins que possible. S'il arrivait que les traitants fussent évincés dans le commerce de la gomme, ce qui n'est point inadmissible, ainsi que je le démontrerai plus loin, ce ne serait que par l'ascendant de notre puissance matérielle que nos rapports avec les naturels pourraient être maintenus. Or, comment comprendre des relations de commerce établies sur de telles bases ? Voici les réflexions que je faisais à la suite du Mémoire du 23 août 1838, que je rédigeai au nom des habitants du Sénégal, réflexions parfaitement applicables à la situation actuelle, et auxquelles tous les pétitionnaires accordèrent une complète adhésion :

« L'autorité du chef de la colonie, pour être forte et res-
» pectée aux yeux des peuples sur lesquels elle est appelée à
» s'exercer, doit s'appuyer sur le vœu unanime de la popula-
» tion. C'est un principe naturel qui sert de base à toutes les
» relations internationales, et qui doit prévaloir ici plus parti-
» culièrement que partout ailleurs. En effet, il existe entre ces
» peuples et nous, en dehors de cette communauté d'intérêts
» matériels que le commerce a la mission de créer entre les
» nations, des liens fondés sur la conformité de religion et de
» mœurs. La population de Saint-Louis compte dans son sein
» un grand nombre d'anciens habitants du Fonta, du Walo et
» du Cayor, que des intérêts de famille attachent encore à leur
» pays natal. Ces hommes sont les intermédiaires naturels
» qui nous rattachent à eux, et souvent leur influence fut
» employée avec succès à aplanir de graves difficultés. Ce sont
» de tels rapports qui expliquent comment les peuples rive-
» rains, entraînés quelquefois à répondre par des actes d'hos-
» tilité à l'injustice et à l'arbitraire de notre politique, s'arrê-
» tent désarmés devant la pensée de confondre, dans leur res-
» sentiment le Gouvernement et la population. »

Je laisse au gouvernement à apprécier, dans sa sagesse, les conséquences qui résulteront du nouvel ordre de choses dont la pétition sollicite l'établissement. Pour moi, je n'entrevois que perturbation dans le présent et compromission de l'avenir.

C'est peut-être ici l'occasion de placer une observation toute personnelle, afin qu'on ne se méprenne pas sur mes opinions touchant la liberté commerciale au Sénégal, et sur l'attitude que je prends dans ce débat.

J'ai toujours été partisan de la liberté du commerce, et mes luttes persévérantes contre la Compagnie de Galam et contre toutes les mesures pouvant porter atteinte à ce principe, sont là pour en témoigner. Dans mon ardeur à défendre ces doctrines, qui sont en honneur partout où l'homme sent le besoin d'exercer librement son activité et son intelligence, j'ai quelquefois même énoncé des opinions contraires à celle que je défends aujourd'hui : je n'éprouve aucun embarras à faire cet aveu; mais il n'a jamais été dans ma pensée de sacrifier à un principe et de subordonner à mon intérêt privé l'intérêt général de mon pays. Et, si en sondant les profondeurs de la question, je vois d'un côté le triomphe d'un principe, et peut-être aussi la satisfaction d'intérêts privés habiles à se couvrir de son égide; et de l'autre, ruine et misère pour mes compatriotes, mon choix pouvait-il être douteux, et devais-je ne pas leur consacrer mon concours et toutes mes facultés? Des critiques pourront être dirigées contre ma conduite dans cette circonstance, mais je serai plus disposé à plaindre qu'à combattre ceux qui seront assez malheureux pour ne pas comprendre le sentiment auquel j'ai cédé.

Toutefois, je n'entends en aucune manière élever jusqu'à la hauteur d'un principe à opposer à un autre principe, les nécessités qui militent en faveur du maintien du *statu quo*. Ce serait une pensée qui me conduirait à désespérer de mon pays, et j'ai trop de confiance dans les destinées que l'avenir lui réserve, pour douter qu'elles s'accomplissent. Ce n'est donc qu'une question de temps dont la solution doit être ajournée, sans cesser d'être l'objet de toutes les préoccupations. Le moment arrivera, assurément, et je voudrais pouvoir le hâter par mes vœux, où tous les intérêts étant confondus, il sera possible de leur donner une satisfaction commune, conforme à tous les principes d'un gouvernement régulièrement constitué. Jusque-là, autoriser l'admission des Européens aux escales, ce serait, je le répète, sacrifier à un principe et vouer à une ruine certaine une grande partie de la population; car, si les traitants sont peu nombreux, derrière eux sont tant de personnes qui vivent de leur industrie et de leur assistance, que toute mesure qui aurait pour résultat de les atteindre dans leurs moyens d'existence, réagirait inévitablement sur la masse des habitants.

En effet, les indigènes du Sénégal, peu éclairés (il serait presque inutile de faire observer que je n'entends pas nier qu'il existe des exceptions; mais elles sont si rares, malheureusement, que l'omission de cette remarque eût été un fait parfaitement indifférent), sont, vis-à-vis des Européens, dans un tel état d'infériorité, sous le double rapport de l'instruction et des ressources pécuniaires, qu'ils succomberaient infailliblement dans la lutte, et que le temps ne serait pas éloigné où les traitants, impuissants à soutenir leur concurrence, se verraient réduits à abandonner les escales. Effectivement, de deux choses l'une : ou les négociants réclament la liberté du commerce afin de s'affranchir de l'obligation où ils sont d'employer l'intermédiaire des traitants, et pour diriger leurs opérations par eux-mêmes ou par des agents européens qui leur offriront plus de garanties ; dans ce cas, quelle chance de succès restera au traitant, forcé déjà d'acheter des marchandises du négociant lui-même qui deviendra son compétiteur, compétiteur d'autant plus intéressé à l'écarter, qu'il voudra rompre avec des errements que la présence des traitants aux escales tendrait longtemps encore à maintenir ; ou bien, leur réclamation n'a aucune portée si elle ne doit aboutir qu'à flatter leur amour-propre, et à leur procurer le stérile avantage de posséder un droit dont ils ne devront pas faire usage. C'est donc à la première proposition que je dois m'attacher ; discuter la seconde serait presque faire injure à la raison des pétitionnaires.

Evidemment, la disproportion des moyens d'action que possèdent les Européens est trop grande pour que, mis en présence des traitants, ceux-ci puissent un instant croire à la possibilité de soutenir la lutte. Ils continueront, les uns à travailler pour leur compte ; les autres, auxquels seront adjoints des agents européens, à opérer pour le compte des négociants. Les premiers se maintiendront plus ou moins longtemps jusqu'à ce que leurs moyens et leur crédit soient épuisés ; les derniers, au bout de deux années, seront remplacés par ceux qu'ils auraient aidé à former. Les uns et les autres, dans une période dont il serait facile de calculer la durée, seront éconduits et devront forcément laisser le champ libre à leurs concurrents.

Ici, je dois répondre à quelques objections.

On dit : Tous les négociants ne se livreraient pas à la traite. Beaucoup d'entre eux continueraient, soit à vendre aux traitants, soit à employer un grand nombre de ceux-ci ; qu'il en serait du nouvel état de choses, comme à l'époque antérieure à 1842 où la traite était libre, et où l'exclusion qui frappe les Européens n'existait pas. Qu'enfin, l'insalubrité du climat et la difficulté de se procurer un nombre suffisant d'agents européens, doivent rassurer sur les conséquences de la mesure sollicitée.

Si je ne voulais qu'effleurer la question, je répondrais à ces objections par une interrogation, à savoir : Pourquoi réclamer une mesure qui peut amener une perturbation si profonde dans les conditions de bien-être et de sécurité même des habitants du pays, ou du moins qui en serait la menace constamment suspendue sur leur tête, si, en fait, rien ne doit être changé? Leur position, malgré le tableau que nous venons d'en esquisser, paraîtrait-elle encore trop belle et trop indépendante, et serait-ce un moyen de compression que l'on voudrait établir, une épée de Damoclès que l'on ferait briller à leurs yeux pour rappeler sans cesse que leur ambition et leur bonheur ont des bornes et doivent se mesurer aux convenances et à l'intérêt des pétitionnaires?

Mais allons au fond des choses.

Ce n'est pas apparemment dans le seul but de satisfaire à un besoin spontané d'égalité, ni pour témoigner de l'esprit de charité chrétienne, si ce n'est de fraternité qui anime ces derniers, que leur requête a été élaborée avec tant de soin; ce qu'ils veulent, ils le disent clairement : « *Laissez entrer dans* » *ce genre d'affaires les hommes qui savent ce que c'est que le* » *commerce.* »

Eh bien! dans la situation actuelle des choses au Sénégal, eu égard au degré d'instruction de la classe indigène, c'est le contact de ces hommes qui savent ce que c'est que le commerce, leur présence simultanée avec les traitants aux escales, que je tiens pour impossibles! il en résulterait un antagonisme et des froissements continuels qui ne seraient pas sans dangers pour la sécurité publique.

D'un côté, ce sera le traitant qui, ayant des habitudes et des traditions dont il ne voudra ou ne pourra se départir, entravera constamment l'action du négociant, appliquée sans doute à inaugurer un nouveau système de traite plus conforme aux pratiques ordinaires du commerce; car je ne comprendrais pas l'utilité ni les avantages d'un changement de système, si les fautes et les abus contre lesquels on se montre, à bon droit, si impitoyable, ne devaient pas immédiatement disparaître; seulement, il me semble que dans ces plans de réforme, on fait, peut-être, trop bon marché du caractère, des intérêts et des convenances des peuples avec lesquels nous trafiquons. Jusqu'ici, nous savons que le Maure, assez dédaigneux de notre civilisation, et surtout de notre religion, s'est montré constamment rebelle à favoriser nos réformes. Que n'avons-nous pas fait, et à quoi ont abouti nos efforts pour obtenir l'unité de coutumes? Le Maure n'est sensible qu'aux réformes industrielles dont les produits viennent de temps en temps éblouir ses yeux et surexciter sa cupidité.

Le traitant est soumis à deux influences auxquelles il tient également à satisfaire : la première, c'est la préoccupation de se procurer la gomme nécessaire à l'acquit des engagements qu'il a contractés vis-à-vis de son vendeur; à celle-là, il sacrifie quelquefois beaucoup, parce que, outre ce motif, il en existe d'autres qui tiennent au degré d'intimité qui s'est établie entre le négociant et le traitant. Ce sont des rapports qui sont nés de la nature toute spéciale de ce commerce. Mais s'il fallait ici restituer à chacun le mérite de ses œuvres, il me serait facile de prouver que cette fièvre vertigineuse d'avoir de la gomme *coûte que coûte,* que l'on reproche avec tant de raison au traitant, n'a pas toujours été le résultat de ses propres inspirations.

La seconde, c'est l'obligation où il croit être d'user de ménagements extrêmes envers sa clientèle maure. Dans ce but, il se livre, je dois le reconnaître, à des actes qui ont engendré de graves abus devenus aujourd'hui difficiles à déraciner. Des *présents* dispendieux, dont la plupart sont devenus *coutumes* ou redevances annuellement obligatoires; des avances de marchandises sous forme de prêt, mais de prêt non remboursable, parce qu'il est destiné à maintenir l'emprunteur sous la dépendance de son créancier; tel est le mode habituel employé par les traitants pour captiver leurs clients. Je suis loin de l'approuver; mais, aussi, je suis porté à croire que l'on ne doit pas les en rendre exclusivement responsables, et qu'ils n'ont cédé qu'à une nécessité ayant, à leur point de vue, plus de gravité que ne seraient disposés à lui en accorder ceux qui sont étrangers aux usages et aux exigences du commerce des gommes. N'a-t-on pas vu, il y a à peine dix années, les négociants européens eux-mêmes, se conformant aux traditions laissées par leurs devanciers, employer à Saint-Louis, non plus aux escales, où ces usages se justifient par les conditions particulières inhérentes au caractère des populations, les mêmes moyens de captation vis-à-vis des traitants, et leur accorder des *salam* ou pots-de-vin, toutes les fois qu'une affaire de quelque importance avait été traitée entre eux? Cette coutume surannée, tombée sous les traits du ridicule, que de temps n'a-t-il pas fallu pour la faire disparaître parmi nous! Les Maures se montreront-ils aussi dociles à entrer dans la voie des innovations, et à sacrifier à nos exigences, sans équivalent des avantages dont ils sont en possession depuis si longtemps? Il est permis d'en douter. A cet égard, personne n'ignore que la cupidité et la ténacité des Maures, devenues proverbiales au Sénégal, ont vaincu bien des résistances, et que ces avantages, dont ils font une condition essentielle de leurs rapports avec les traitants, sont toujours très-vivement défendus. Aussi voit-on généralement le chef d'une caravane de gomme traiter tout d'abord des présents qui lui seront faits, avant d'entamer le prix des échanges, et d'ordinaire, c'est sur le plus ou le moins de valeur de ces présents que s'établit la concurrence entre les traitants. Cela tient à des circonstances particulières et aux habitudes commerciales de ces peuples, dont il n'entre pas dans notre sujet de faire l'historique. Nous nous bornons à constater l'existence d'un fait et l'influence qu'il est destiné à exercer longtemps encore dans la traite de la gomme.

Ainsi donc, ce n'est pas sans injustice que l'on reproche aux traitants, comme si cela dépendait uniquement de leur volonté, de continuer des errements auxquels assurément leur intérêt, à défaut de tout autre mobile, les porterait à mettre un terme. Mais du moins il y a là matière à déclamations tendant à démontrer que, aussi longtemps que les traitants fréquenteront les escales, les abus tendront à se perpétuer au lieu de faire place aux réformes que méditent les pétitionnaires. Donc, une première cause d'antagonisme que viendrait bientôt aggraver le choc inévitable des intérêts matériels.

D'un autre côté, je n'entrevois pas la possibilité de concilier ces intérêts et de les faire marcher parallèlement à un but commun : la prospérité et la richesse de la colonie. Si des négociants en petit nombre d'abord, résolus à briser avec le passé, se livraient à la traite de la gomme, ce serait, sans nul doute, dans l'espoir de faire mieux que les traitants, et de réaliser des résultats plus avantageux que ceux qu'ils retirent du mode actuel d'opérer. Que le succès réponde à ces premières tentatives, ceux qui auraient continué à vendre aux traitants ou à les employer en qualité d'agents, ne consentiraient pas à se priver gratuitement des avantages que les premiers auraient recueillis : avantage d'une réalisation plus certaine et plus lucrative; avantage de n'avoir pas couru les chances soit de l'insolvabilité de leurs acheteurs, soit de l'incapacité ou de l'infidélité de leurs mandataires. Il arriverait, dès-lors, que chaque négociant voudrait diriger lui-même ses opérations, et autant qu'il le pourrait, il éviterait de les surcharger des frais résultant de l'emploi d'un traitant; — les traitants qui, n'ayant pas les moyens d'opérer pour leur compte, sont forcés de se mettre au service des expéditeurs, seraient nécessairement écartés, et disparaîtraient comme des instruments dont l'emploi est devenu sans utilité. Les autres, en petit nombre, encore en possession de quelques ressources pécuniaires, mais placés en quelque sorte dans la dépendance des négociants, puisque c'est de ceux-ci qu'ils achètent leurs marchandises, si tant soit que ces derniers consentissent encore à les leur vendre, seraient en butte à une concurrence qu'ils ne pourraient pas soutenir : ils succomberaient à leur tour. En définitive, la traite deviendrait le partage des Européens, et et au privilége contre lequel ils s'élèvent succéderait infailliblement un autre privilége dont l'influence sera loin d'être aussi favorable au bien-être général du pays et au développement du commerce, qu'on pouvait l'attendre de l'état de choses actuel.

En effet, c'est uniquement de la prospérité des indigènes que la colonie doit attendre sa prospérité et son agrandissement. L'Européen n'y est intéressé que d'une manière relative et dans la seule mesure des avantages qui lui incombent individuellement. C'est que le Sénégal, déshérité de la nature, n'a aucun attrait pour fixer, à l'égal des autres colonies, les Européens que l'espoir d'amasser une fortune y a attirés. Ceux qui viennent y braver l'inclémence du climat, les ennuis de la sollitude, l'absence de la société européenne et les jouissances qu'elle procure; qui ne trouvent, en compensation de leur exil volontaire, qu'une fortune quelquefois chèrement acquise, ceux-là sont presque excusables de n'avoir, pour un tel pays, aucun de ces sentiments qu'inspire, pour une terrre plus hospitalière, l'attachement à la patrie adoptive. Après avoir vu leurs efforts et leurs espérances couronnées de succès, le souvenir du Sénégal ne se représente à leur esprit que pour rappeler les dangers dont leur séjour a été entouré, jamais le bien-être qu'ils y ont acquis. Il semblerait même qu'en exagérant les uns, ils dussent être tenus à moins de reconnaissance pour l'autre. Lorsqu'un pays inspire de tels sentiments, il ne doit demander qu'à ses propres enfants, à ceux qui sont destinés à subir les vicissitudes de sa bonne ou de sa mauvaise fortune, des gages de prospérité, de sécurité et d'avenir.

Quoi qu'il en soit, l'Européen qui va au Sénégal, ne s'y établit que d'une manière transitoire; comme l'étranger qui vient résider en France, il a, dans son esprit, marqué d'avance le terme de son exil, et, dans cette disposition, il s'applique à écarter tout ce qui pourrait l'attacher au sol. C'est ainsi, qu'à très-peu d'exceptions près, la propriété immobilière appartient exclusivement aux indigènes; et encore, parmi les Européens qui sont propriétaires d'immeubles, il en est beaucoup qui ne l'ont été qu'à leur corps défendant, par suite d'expropriations poursuivies à leur requête. Ils ne se rattachent donc à la fortune de la colonie que par le lien de leur intérêt privé, qui se trouve exclusivement renfermé dans la traite de la gomme, dans laquelle, on le sait, viennent s'absorber et se résumer toutes les autres industries locales.

Aussi, est-il facile de comprendre, d'après ce qui précède, que cette traite, devenue le partage exclusif des Européens, ne profiterait que médiocrement au pays. Lorsque de ces années, malheureusement trop rares, comme celle de 1845, viendront luire sur le pays, comme une grâce providentielle envoyée pour calmer de longues souffrances, on ne verrait plus les maisons s'élever, les navires se construire, la case en maçonnerie remplacer la case en paille, les achats de troupeaux se multiplier, les exploitations agricoles appeler de nouveaux efforts et recevoir de nouveaux sacrifices, les parents acquitter les dettes de parents moins heureux; les noirs, si imprévoyants de l'avenir, se répandre en fêtes et en réjouissances dont le retour de la traite et le voyage de Galam qui lui succède presque immédiatement, sont toujours l'occasion; enfin, on ne verrait plus tout ce mouvement qui augmente la consommation des produits de la métropole et alimente le développement de son commerce. Pour les indigènes, les avantages de la traite seraient circonscrits dans le gain de leurs modiques salaires, suffisant à peine pour leur existence et celle de leurs familles. Quant aux Européens, leurs bénéfices iraient se fondre dans la fortune publique de la France, et recevoir, sans doute, une direction non moins profitable à ses intérêts; mais à coup sûr, ils ne contribueraient en aucune manière, pas plus qu'aujourd'hui, à augmenter la richesse de la colonie.

Je regrette de ne pouvoir formuler ma pensée d'une manière plus saisissante, mathématiquement, pour ainsi dire, en énonçant par des chiffres les mutations d'immeubles, de navires, de captifs (l'esclavage n'était pas encore aboli), les paiements de dettes arriérées, douteuses et presqu'abandonnées; enfin, toutes les opérations qui se sont effectuées en 1845, qui toutes ont abouti à accroître le bien-être de la population. De tels avantages sont trop précieux pour que la crainte de les perdre et de voir s'anéantir même la possibilité de leur retour, cette crainte fût-elle exagérée, n'éveille pas la sollicitude de tous ceux qui s'intéressent à l'avenir du Sénégal.

Pour se convaincre de la justesse de ces observations, il suffirait de se reporter aux années malheureuses pour les habitants, mais dans lesquelles, par cette singulière anomalie que j'ai déjà signalée, le commerce européen réalisait, au contraire, d'importants bénéfices. Par quels signes extérieurs cette prospérité se révélait-elle! Elle passait inaperçue, à moins que surexcitant les ambitions, elle ne se traduisît l'année suivante par une plus grande importation de marchandises hors de proportion avec les ressources ordinaires de la colonie, et dont l'effet le plus certain était alors de provoquer une plus grande perturbation dans les transactions, et de faire perdre ce qui avait été gagné l'année précédente. De là, ces oscillations, ces alternatives de succès et de revers qui déjouent tous les calculs, et qui font, du commerce du Sénégal, une véritable loterie dans laquelle les plus sages et les moins avantureux ne sont pas souvent les mieux traités.

Ce parallèle entre les deux intérêts qui s'agitent au Sénégal, explique, en principe, les causes d'un antagonisme qui, comprimé jusque-là par des sentiments de bienveillance mutuelle auxquels chacun rendait justice, vient de se faire jour. Il m'amène à parler d'un fait qui, quoique d'un ordre secondaire et agissant d'une manière indirecte, n'en contribue pas moins à fournir un aliment à cette rivalité, parce qu'il entretient la divergence des intérêts.

Il existe encore dans la ville même de Saint-Louis, au chef-lieu du Gouvernement, un usage, reste des traditions commerciales léguées par les Compagnies qui, de 1626 jusqu'en 1791, ont successivement exploité le Sénégal, et qui a survécu aux progrès que les nouvelles institutions y ont introduits. Cet usage consiste à faire la *troque;* la même, ni plus ni moins, que celle qui se pratique avec les peuplades barbares.

La guinée, toile bleue provenant de nos établissements de l'Inde, est le principal article d'échange au Sénégal. Suivant l'expression pittoresque de l'ancien délégué de Pondichéry : c'est le billet de banque du désert, elle est vendue à Saint-Louis par les négociants aux traitants qui vont l'échanger aux escales contre la gomme. Cette vente, au lieu de se faire, comme on pourrait le croire, moyennant un prix déterminé en numéraire, a lieu pour une quantité de gomme dont la valeur est naturellement basée, aussi près que possible, sur le dernier cours de cette denrée en France. Il en résulte que le traitant qui doit une quantité déterminée de gomme, ne s'attache, sans égard à la valeur intrinsèque qu'elle peut avoir dans tout le cours de son opération qui dure six ou sept mois, qu'à se procurer le plus de gomme possible en échange de sa guinée; plus le prix d'échange est élevé, plus il gagne; plus la récolte est abondante, et plus cette chance est réalisable. Le négociant, de son côté, auquel il n'est dû que de la gomme également pour la marchandise qu'il a livrée, ne se préoccupe que du maintien ou de la hausse des prix de France où son opération doit se réaliser en dernière analyse. Moins il y a de gomme et plus ses chances de bénéfice sont certaines. Si l'un gagne, l'autre perdra par la raison que l'abondance des gommes qui aura été la cause des bénéfices obtenus par le traitant, aura eu en même temps, pour effet naturel, de produire une baisse aux lieux de consommation; de même qu'une récolte réduite, qui aura déterminé nécessairement une plus grande concurrence aux escales, et forcé le traitant à faire des sacrifices afin de se procurer la quantité de gomme dont il aura besoin, provoquera une hausse profitable aux intérêts du négociant.

Si cette manière d'opérer a été parfois l'origine de fortunes subites, plus rapidement acquises que de sages prévisions n'autorisèrent à l'espérer, des désastres en ont été souvent aussi les résultats. C'est l'effet naturel des conditions aléatoires auxquelles elle est soumise. Lorsque les transactions commerciales ne sont basées que sur des éventualités, et ne sont subordonnées à aucun calcul, à aucune de ces combinaisons qui, si elles n'assurent pas, préparent du moins le succès, elles sont inévitablement incertaines comme les circonstances dont elles dépendent. En effet, comment le négociant qui, à l'ouverture d'une traite, en janvier, par exemple, aura vendu mille pièces de guinée pour douze mille kilogrammes de gomme livrables à cinq ou six mois de date, pourra-t-il prévoir les circonstances qui amèneraient telles variations auxquelles est soumis le cours de sa denrée : récolte plus ou moins abondante aux lieux de production ; demandes plus ou moins nombreuses de la consommation ; événements politiques survenant inopinément, etc., etc. ? Comment saura-t-il si, au terme de l'échéance de sa vente, augmentée du temps nécessaire pour apporter la gomme sur le lieu de consommation, c'est-à-dire à sept ou huit mois d'intervalle, il réalisera un prix supérieur ou inférieur à celui qui aura servi de base à son opération ? En d'autres termes, si la valeur de la gomme en janvier était de 120 francs les 100 kilogrammes, comment devinera-t-il qu'en septembre elle montera à 160 ou tombera à 100 ? Evidemment, ce n'est pas là du commerce ; c'est de l'agiotage tel que celui qui se fait en France sur les esprits et sur les fonds publics. Il n'y a là rien qui sollicite une intelligence éclairée, et c'est peut-être aussi la moindre qualité que réclame ce genre d'affaires.

Le négociant du Sénégal opère aussi aveuglement que celui qui confie ses rêves et ses espérances de fortune à la roue d'une loterie. Et l'on reproche aux indigènes d'être hardis, téméraires, aventureux ! En pouvait-il être autrement lorsque les leçons qui leur sont offertes et qu'ils sont d'autant plus disposés à suivre qu'elles émanent d'hommes dont ils reconnaissent la supériorité, se trouvent, d'ailleurs, en parfaite conformité avec leurs croyances fatalistes ! Mais du moins le traitant se trouve dans des conditions tant soit peu moins défavorables ; son opération se liquide toujours sur place, et ses chances sont limitées à des circonstances exclusivement locales.

Je sais que des objections ont été déjà faites à ce sujet, et je m'attends à les voir se reproduire. On dit que tout commerce a ses inconvénients et ses chances ; que si le mode d'échange adopté au Sénégal est irrégulier, anormal et en dehors des conditions ordinaires de la pratique européenne, c'est le résultat d'un accord commun, et que du moment où acheteurs et vendeurs y trouvent leur compte, il présente toutes les garanties que l'on doit rechercher ; que s'il est vrai que des désastres en sont quelquefois la conséquence, d'autres fois l'a été la source de grandes fortunes ; que c'est la loi naturelle de l'oscillation commerciale, etc., etc., etc.

Ces objections ont assurément une certaine valeur, si on les rapporte uniquement à l'intérêt particulier des contractants, et si l'on fait abstraction des inconvénients graves qui en résultent pour le pays. L'agiotage auquel j'ai fait allusion, bien que défendu par la loi, est toléré en France comme fait isolé, accidentel ; mais s'il tendait trop à se généraliser et à substituer ses fictions et ses éléments aléatoires à la réalité et aux garanties qui sont la vie du commerce, il ne manquerait pas de succomber bientôt sous le poids de la réprobation universelle. C'est que le commerce est régi par des principes économiques qui sont appliqués à sauvegarder les intérêts de la société entière, non pas à favoriser les avantages et les convenances de quelques-uns de ses membres. Au point de vue de l'intérêt privé, le système de la *troque* peut n'être pas dangereux : ainsi, qu'importe que l'un tombe et que l'autre se relève, que l'un se ruine et que l'autre s'enrichisse, si ces fluctuations, ces hauts et ces bas sont circonscrits dans une limite étroite et n'affectent qu'un très-petit nombre d'individus ? Mais lorsqu'ils s'étendent à toute une population, peuvent-ils être indifférents à la sécurité et à la stabilité des affaires ? Quelles garanties et quelles espérances fonder sur un pays où les fortunes sont si mobiles qu'il suffit d'une seule traite de gommes pour es édifier ou pour les abattre ? Sur quelles bases asseoir le crédit et la confiance là où il n'y a qu'instabilité et incertitude ?

Voilà pourtant le système qui régit cette branche de commerce dont l'importance compte pour les huit-dixièmes du mouvement commercial de la colonie, et que, négociants et traitants s'obstinent à maintenir en dépit des perturbations, des tiraillements et des rivalités qui en sont la conséquence inévitable. De là cette diversité de vues et d'opinions sur les intérêts généraux du pays qui va parfois jusqu'à affecter le caractère de divisions de caste heureusement inconnues au Sénégal, mais auxquelles les luttes d'intérêts matériels, toujours si vives dans les temps d'égoïsme où nous vivons, pourraient donner naissance.

Cette situation, grosse de difficultés, de dangers même, mérite de fixer l'attention des hommes sages. Il eût été digne des pétitionnaires, livrés à des préoccupations moins exclusives, d'en faire l'objet de leurs méditations, et de provoquer une réforme qui eût été un acheminement vers la répression des abus signalés par eux, et l'établissement d'un ordre de choses plus rationel et plus propre à donner une égale satisfaction à tous les intérêts. Pour ma part, j'en ai été souvent préoccupé, parce que je me suis attaché depuis longtemps à rechercher les causes de ce malaise permanent qui pèse sur la colonie au milieu d'un mouvement commercial tellement extraordinaire, que dans une période de dix-neuf années, il s'est accru dans la proportion de 23 à 120. En effet, le commerce s'est développé dans une immense progression ; la population s'est accrue, et la propriété mobilière et immobilière a éprouvé un accroissement non moins remarquable. Néanmoins, cette apparente prospérité n'est rien moins que réelle. La dette des habitants est encore considérable ; leur crédit mal assuré et leurs moyens d'action extrèmement restreints. S'il était possible d'arriver à l'exacte vérité, on trouverait que cet état touche de plus près à la pauvreté qu'à la fortune. Il y a donc là un mal profond ; je viens d'en indiquer une des causes. Que les habitants du Sénégal y réfléchissent ! Il peut dépendre d'eux, en prenant l'initiative de cette réforme et en entrant résolument dans la voie du progrès, de réaliser des améliorations dans le présent, et d'assurer de meilleures garanties à l'avenir. Puissent ces avertissement être écoutés ! Ils n'ont d'autre autorité que celle qu'ils peuvent puiser dans la sincérité de mon dévoûment et dans le sentiment des devoirs que m'impose la confiance de mes concitoyens ; mais leur mérite réel sera, du moins, d'avoir indiqué un mal auquel chacun doit s'occuper de porter un remède.

On pourra peut-être prendre avantage des réflexions qui précèdent pour en corroborer la demande des pétitionnaires. Mais que l'on ne se hâte pas trop de se prononcer. — Quoique ce ne soit pas toujours une manière d'argumenter très-concluante que d'opposer les fautes d'autrui à ses propres fautes, on peut du moins l'appliquer à repousser l'injustice qui consiste à ne mettre en relief que celles de ses adversaires. Or, il est évident que si les mauvais résultats de la traite sont quelquefois attribués aux fautes commises par les traitants, ces fautes sont parfois aussi communes aux négociants, qui, par suite du mode d'échange que j'ai indiqué, sont exposés à subir les mêmes éventualités et les mêmes mécomptes. Le fait est qu'ils subissent, les uns et les autres, les conséquences d'un mauvais système dont cette solidarité devrait les rendre unanimes à effectuer le changement.

Cette digression m'a éloigné de mon sujet; j'y reviens.

Vainement invoquera-t-on les souvenirs du passé et dira-t-on qu'à une époque antérieure à 1842, où les Européens étaient libres de faire le commerce aux escales concurremment avec les traitants, ils se sont volontairement abstenus d'y prendre part; vainement les pétitionnaires affirmeront-ils que *les Européens n'absorberont pas le commerce des escales;* je puise dans mon expérience des hommes et des choses au Sénégal, la crainte, sinon la certitude, de voir se produire aujourd'hui un résultat tout différent. Le temps et les événements ont amené de grands changements. A une époque où les affaires étaient faciles, et où les Européens trouvaient la possibilité de réaliser des bénéfices considérables sans sortir de leurs magasins et sans s'exposer aux dangers que peut présenter pour eux le séjour des escales, il était naturel qu'ils songeassent peu à les disputer aux traitants. Mais le nombre des négociants s'est successivement accru, la concurrence est devenue plus vive, les bénéfices se sont amoindris, les placements de marchandises sont devenus même plus difficiles, parce que les importations n'ont plus été en rapport direct avec les ressources du pays. Dès-lors, ceux qui n'ont plus trouvé à Saint-Louis le rapide écoulement de leurs marchandises, ont tourné les yeux vers les escales. Le colportage a eu lieu d'abord ; mais, défendu par l'ordonnance de 1842, les expéditions pour compte lui furent substituées. Cette manière d'opérer obligeant les expéditeurs à de fréquents voyages en rivière, ils se sont familiarisés avec les dangers qu'ils redoutaient auparavant, et aujourd'hui la traite de la gomme et le séjour des escales ne sont plus un épouvantail pour aucun d'eux.

D'un autre côté, par la raison que les bénéfices sont plus restreints, chacun a cherché à restreindre ses frais et ses chances de perte. Le négociant, forcé d'employer un traitant indigène, s'est demandé pourquoi il ne se passerait pas de cet intermédiaire, et ne jouirait pas du droit de diriger lui-même ses opérations ? Pourquoi il ne les confierait pas à un Européen comme lui, qui lui offrirait plus de garanties, et dans l'intelligence ou la moralité duquel il trouverait une compensation suffisante à ses dépenses ?

Dans de telles dispositions, il fallait moins que les désastreux résultats des trois dernières traites de gomme pour légitimer, aux yeux des Européens, l'abrogation que la pétition a pour objet de solliciter. Cette demande peut donc être considérée comme le résultat de ces résolutions extrêmes auxquelles on est irrésistiblement poussé. Comment croire, dès lors, qu'ils hésiteraient à user dans toute leur étendue des droits qui leur seraient accordés, et qu'ils s'arrêteraient devant la possibilité même d'*absorber le commerce des escales ?* Ils y seraient conduits invinciblement par la force des choses. Telle ne fut-elle pas leur intention.

Mais si cette éventualité devait se réaliser, si l'inflexible rigueur du principe devait s'appesantir sur la tête des malheureux habitants du Sénégal, encore faudrait-il ajourner l'exécution de cet arrêt jusqu'au jour où des dispositions auraient été prises pour leur donner une autre direction susceptible d'assurer au moins leur existence. Mais pourquoi de telles appréhensions ? Les habitants du Sénégal n'ont-ils pas appris à compter toujours sur la sollicitude du Gouvernement, et peuvent-ils craindre qu'elle leur fasse défaut lorsqu'elle ne fut jamais plus nécessaire que dans les cruelles circonstances qui pèsent sur leur pays !

Je l'ai dit : le maintien du régime actuel de la traite des gommes est une question de temps pendant lequel des études pourront être faites sur les moyens propres à amener graduellement, et sans secousse, la transition à la liberté commerciale dans le fleuve. Ces études pourraient être dirigées principalement vers la reprise des cultures auxquelles, il est vrai, les habitants se sont montrés antipathiques dans le principe, mais que la loi suprême de la nécessité leur ferait accepter aujourd'hui avec reconnaissance.

On ne doit pas perdre de vue qu'il n'existe en ce moment d'autre intérêt au Sénégal que le commerce, dont la traite de la gomme est le principal élément. En elles se résument effectivement toutes les autres industries : le mil, les arachides, les pagnes, l'or même, traités à Galam, dans le Fonta, dans le Cayor, viennent apporter leur contingent dans l'échange de la gomme, et fournir un actif aliment à cette aptitude toute particulière que les indigènes possèdent pour les transactions commerciales. Cette disposition que les Européens ont eux-mêmes contribué à développer outre mesure, prend sa source dans l'état des mœurs et dans ces préjugés, fort regrettables assurément, qui leur inspirent une invincible répulsion pour les travaux d'art et pour tout ce qui n'est pas le commerce. Ceux mêmes qui ont pu vaincre ces préjugés, et qui ont cherché des moyens d'existence dans le travail de leurs bras, n'ont pas su toujours résister à l'attrait de demander au commerce une voie plus rapide, quoique parfois incertaine, d'arriver à la fortune. C'est par cette raison que l'on a vu, après les abondantes récoltes de 1837 et 1838, des négociants, désireux d'accroître le mouvement de leurs affaires, transformer de simples ouvriers en traitants, et leur confier, sans aucune garantie, des valeurs considérables. Aussi, de cette époque date l'accroissement démesuré du nombre des traitants, et de leur dette envers le commerce européen de la colonie. De cette époque, date cette concurrence déréglée, effrénée, qui avait porté une telle perturbation dans les affaires, qu'une ruine complète en eût été infailliblement la suite, si l'ordonnance de 1842 ne fût intervenue pour en atténuer les effets.

La question qui nous occupe n'a pas moins de gravité que celle qui motive la réunion de la commission de 1842. Différentes dans leurs causes, la similitude est évidente quant à leurs conséquences probables : la ruine des habitants, de la population indigène que l'humanité, d'accord avec la politique, conseillent impérieusement de protéger. Dès-lors, le même intérêt n'existerait-il pas pour le Gouvernement, de livrer à l'étude d'une commission spéciale la question elle-même, les modifications que comporte la situation actuelle de la colonie, celles qu'il faudrait laisser au temps le soin de réaliser, et particulièrement la direction nouvelle, qu'avec l'aide et l'impulsion données par le Gouvernement et en ouvrant de nouvelles voies d'occupation et de travail, il conviendrait d'imprimer à cette population, afin de la détourner, en partie, de la traite des gommes qui devient insuffisante à satisfaire à tous ses besoins. Au nombre des moyens qui peuvent conduire à ce résultat, la reprise des cultures doit, à mes yeux, tenir le premier rang. Je vais en dire quelques mots.

A l'époque où les cultures furent entreprises et où la colonisation parut être fermement arrêtée dans les vues du Gouvernement, les habitants ne s'y associèrent par aucun effort; ils montrèrent, au contraire, un insurmontable éloignement, et à l'exception d'un très-petit nombre, et encore quelques-uns de ceux-ci étaient-ils originaires de la Martinique, ils demeurèrent étrangers à ces tentatives généreuses d'où pouvait jaillir pourtant une source de richesse pour leur pays, de richesse réelle et durable, car, hélas! ils en ont fait la triste et douloureuse expérience, ils savent combien est éphémère celle que procure le commerce! A cet égard, ils peuvent du moins s'honorer de n'avoir pas mêlé leurs noms et trempé leurs mains dans ces infâmes dilapidations et ces honteuses manœuvres dont ils eurent le spectacle sous leurs yeux, et auxquelles doivent être plus particulièrement attribués l'insuccès des cultures et la nécessité de leur abandon.

Mais aussi, à cette époque, les mêmes causes qui tinrent les européens éloignés des escales, quoiqu'ils eussent le droit d'y traiter, éloignèrent les habitants des exploitations agricoles. La population non encore accrue de ces immigrations nombreuses qui, dans une période de vingt années, la portèrent au double, et les Européens également en petit nombre, étaient alors en possession d'un commerce relativement considérable et très-lucratif. Peu de temps et peu d'efforts, suffisaient pour acquérir une fortune. On comprend que, placés dans de telles conditions, les habitants du Sénégal, peu portés d'ailleurs par leur nature et par les habitudes de la vie tropicale, pour les occupations laborieuses, eussent manifesté quelque répugnance pour la culture de la terre, alors surtout que les résultats commerciaux qu'ils pouvaient si facilement réaliser, leur inspiraient une sécurité entière sur leur bien-être et celui de leurs familles, et les rendaient, en quelque sorte, insoucieux de l'avenir. Hélas ! cet avenir s'est dressé terrible et menaçant, et bien des enfants expient aujourd'hui l'incurie et l'imprévoyance de leurs pères !

Si la même disposition peut se rencontrer encore, parce qu'elle est inhérente au caractère de la population, on ne doit plus douter, néanmoins, qu'elle ne s'efforce de la vaincre pour coopérer activement et efficacement au succès d'une nouvelle entreprise. La nécessité est mère de l'industrie. Cet axiome a fait assez de progrès dans le pays, pour que l'on ait cherché à en faire de nombreuses applications ; mais les efforts individuels ont échoué soit par l'insuffisance des ressources pécuniaires, soit par l'absence d'une direction intelligente et éclairée.

L'association pourrait seule entreprendre une aussi grande tâche ; mais, comme c'est une pensée de progrès qui n'est pas encore à la hauteur des esprits au Sénégal, c'est au Gouvernement qu'il appartient de donner l'impulsion et de prendre la direction d'une nouvelle colonisation, qui, entreprise dans des conditions nouvelles aussi, et tournée plus spécialement vers la culture des plantes indigènes, présenterait, j'en ai la sincère et consciencieuse conviction, toutes les garanties de succès.

Je n'ai pas ici, assurément, la prétention d'offrir un système de colonisation. Je n'ai par devers moi aucun des éléments nécessaires, et, d'ailleurs, c'est un objet trop important pour que le Gouvernement, s'il s'en préoccupait sérieusement, ne voulût pas, au préalable, s'entourer de toutes les lumières et de toutes les opinions propres à éclairer ses convictions et à déterminer ses résolutions. Je n'ai en vue que de présenter quelques idées générales, sur lesquelles se fonde l'opinion que je viens d'émettre.

Indépendamment des causes que j'ai signalées, l'insuccès des cultures aurait dépendu : 1° des obstacles inhérents au pays et de l'opposition armée que les Maures firent à l'établissement de nos plantations dans le pays de Walo ; 2° de la mauvaise administration des habitations, des dépenses excessives qui y furent consacrées tout d'abord, dans l'incertitude même des résultats, et de l'ignorance des agents envoyés de France pour enseigner les procédés à l'aide desquels se fabrique l'indigo.

Je ne dirai rien de ces dernières allégations ; il dépendra de la volonté du Gouvernement de réprimer les abus s'il s'en reproduit, d'éviter les fautes par l'exemple du passé, et de faire un meilleur choix de ses agents. Du reste, il serait aujourd'hui puissamment secondé dans cette voie par l'Administration coloniale. Si l'on peut lui reprocher d'être indifférente et de manquer d'initiative pour le développement de la prospérité du pays, de se montrer méticuleuse, peu favorable et parfois hostile même au commerce, on ne saurait, sans injustice, se refuser à applaudir à sa délicatesse, à sa parfaite loyauté, et au sentiment intime de l'honneur qui anime tous ses membres. C'est un hommage juste et mérité que, pour mon compte, je me plais à lui rendre.

Mais je pense que les critiques qui furent dirigées contre les tendances qui, dès le début, se manifestèrent en faveur de la culture des plantes exotiques, eurent quelque fondement. En effet, on a vu que cette pensée eut pour résultat de laisser dans un complet oubli des plantes naturelles au pays, dont la culture, à l'aide des perfectionnements qu'elle aurait reçus, serait parvenue à offrir aujourd'hui des ressources commerciales et alimentaires extrêmement précieuses. Tels sont les arachides, le mil, les haricots et un grand nombre de cucurbitacées dont les graines sont oléagineuses et fort appréciées dans le commerce. L'indigofère, plante sur laquelle devront, à mon avis, se concentrer tous les efforts et tous les encouragements, n'attira que médiocrement l'attention des colonisateurs. Plus tard, il est vrai, on sembla reconnaître l'injustice de l'abandon dont elle fut l'objet ; mais lorsqu'on parut disposé à lui consacrer de plus grands efforts, l'heure de la colonisation avait sonné, et le gouvernement avait résolu de mettre un terme à des sacrifices sans cesse renouvelés et toujours improductifs.

L'indigofère et le coton sont des plantes indigènes qui bravent tous les obstacles que présente le pays. Il est donc probable que c'est à l'opinion contraire qu'ils durent de n'avoir pas été épargnés. Ils subirent, sans appel, l'arrêt qui condamna la colonisation en masse, et, de là, naquirent, sans doute, les préventions sous lesquelles ont été étouffées, depuis vingt ans, toutes les aspirations à la reprise des cultures. L'indigofère surtout, dont la culture offre le plus de conditions de réussite, croît sans soin et ne souffre d'aucune influence du climat ; il ne craint ni les vents d'est, ni la sécheresse, ni les sauterelles. Il peut produire plusieurs récoltes par an. Planté dans un terrain convenable, il acquiert de la vigueur, et sa tige s'élève à une grande hauteur. Ses produits ont été comparés au plus beau Bengale. Les naturels qui ne peuvent fabriquer l'indigo qu'à l'aide de procédés très-incomplets, parviennent néanmoins à faire des teintures très-belles, qui ont été admirées dans la fabrique de Rouen.

On sait sous quelles scandaleuses manœuvres succomba la culture du coton. Des primes importantes y furent consacrées, mais au lieu de les faire porter sur la quantité de produit récolté ou exporté, elles furent affectées à encourager exclusivement la culture, ou pour mieux dire la plantation, car on se bornait à compter le nombre des pieds de cotonnier plantés ou fichés en terre pour le besoin de la circonstance. Ainsi, lorsque les inspections qui avaient lieu à des époques fixes, et que l'on prenait le soin d'annoncer d'avance même avec un certain appareil, devaient commencer, des planteurs, ambitionnant la gloire de signaler leurs noms, mais plus ambitieux de toucher les riches primes offertes à leur cupidité, doublaient et triplaient leurs plantations dans un temps donné, et acquéraient la prime d'après le nombre de cotonniers dont l'inspecteur du quartier avait constaté la frauduleuse et apparente existence. Lorsque l'oubli du devoir et de tous les sentiments honnêtes est poussé aussi loin, le succès devient impossible ; mais aussi s'il n'avait pas d'autre achoppement, sa réalisation serait bientôt assurée par la réprobation générale dont un pareil scandale serait aujourd'hui l'objet.

Quoi qu'il en soit, le fait important et qui ne sera contesté par personne, c'est que l'indigofère et le cotonnier croissent spontanément au Sénégal, et fournissent aux naturels de l'intérieur des produits qui servent à leur usage personnel, et sont en même temps un objet de commerce. Les tissus de coton dont ils se vêtissent, connus sous le nom de pagnes, tels que les *Sor*, les *Tiéwaly*, les *N'dor*, etc., etc., sont fort recherchés par les Maures et acquièrent une certaine importance dans nos échanges avec eux. Le coton en grains est également un objet d'échange assez actif, attendu que dans toutes ces contrées il devient un aliment de travail et d'occupation pour les femmes et les filles esclaves qui l'égrainent, le cardent et le filent à la main. Cette industrie diminue sur tout le littoral du fleuve que nous approvisionnons de tissus français ; mais à une certaine distance dans l'intérieur, elle a conservé toute son activité. D'ailleurs, on doit se rappeler que dans une certaine période de la colonisation, et alors que des encouragements furent donnés pour attirer à Saint-Louis et dans les établissements agricoles tout le coton de l'intérieur, afin de porter les naturels, en leur créant un débouché facile et lucratif, à se livrer avec plus d'ardeur à la culture; à cette époque, des quantités considérables affluèrent sur nos marchés. Je ne doute nullement que si les mêmes circonstances se reproduisaient, nous verrions ces peuples, guidés d'ailleurs par leur propre intérêt, concourir au succès de notre établissement en imitant nos efforts et nos travaux.

Toutefois, en énonçant la proposition qui précède, il serait nécessaire que je m'expliquasse sur les dispositions que j'attribue à nos voisins. Je me reportais par la pensée à notre première entreprise, et je supposais que les nouvelles tentatives auraient encore lieu dans le Walo, et seraient aidées par la coopération de ses habitants, de ceux du Cayor et même du Yolof. Mais je me ferais illusion et j'accuserais une ignorance bien grande de leur caractère, si je pensais que les Maures et les habitants du Fonta demeurassent indifférents et inoffensifs devant nos projets d'établissement au milieu d'eux. Non pas que je croie que nous serions exposés à rencontrer de nouveau cette opposition acharnée qui se traduisit en dévastations et en assassinats dont nos habitations furent le théâtre, et que légitimait, aux yeux des Maures, l'état de guerre où ils se trouvaient vis-à-vis de nous; mais le roi des Trarzas possède, depuis 1833, un droit de suzeraineté sur le Walo, dont il ne se serait pas dépouillé sans en conserver quelque ressentiment, quoique nous puissions faire intervenir à notre tour les traités qui, en 1822, nous concédèrent une portion de ce territoire. Le Fonta, de son côté, toujours si ombrageux et si jaloux de notre puissance dans le fleuve, ne nous verrait pas sans inquiétude nous rapprocher de ses frontières. Néanmoins, les changements qui se sont accomplis depuis vingt-cinq ans, dans nos rapports politiques et commerciaux avec ces peuples; le frottement de notre civilisation qui, en adoucissant leurs mœurs, les rend plus sensibles aux bienfaits de la paix; les fréquentes communications qui, en développant chez eux le goût du commerce, leur procurent les moyens de pourvoir à leurs besoins, seraient des motifs suffisants pour inspirer toute sécurité sur leurs dispositions, si, d'ailleurs, les moyens de répression et de coërcition dont nous disposons, rehaussés par la présence des spahis, dont le concours, si nécessaire aujourd'hui, deviendrait indispensable pour la protection des cultures, ne nous assuraient pas à cet égard les garanties les plus positives. Du reste, la part que la population de Saint-Louis serait appelée à prendre dans ces cultures, l'accord qui, par le lien de ses propres intérêts, la rendrait solidaire des actes et de la politique du gouvernement colonial, seraient le plus sûr appui et la garantie la plus certaine contre les hostilités de nos voisins. C'est une vérité contre laquelle peuvent lutter des esprits prévenus ou ignorants de la véritable situation des choses; mais il n'en demeure pas moins constant et avéré que c'est dans la population indigène que résident notre force et notre puissance au Sénégal, et que c'est par elle que s'y consolidera notre domination.

Le ministère de la marine et des colonies, qui a montré, dans maintes occasions, qu'il ne partageait pas ces préventions et qu'il appréciait, au contraire, son dévoûment et ses services, s'empressera, nous n'en doutons pas, de lui donner un nouveau témoignage de bienveillance et de sympathie. Il invoquera, pour cette population si cruellement éprouvée, l'appui du gouvernement, qui ne refusera pas, au moment où il se montre si libéral et si généreux en faveur de la colonisation de l'Algérie, de laisser tomber quelques miettes de sa munificence sur le Sénégal, sur cette malheureuse colonie qui, par son importance commerciale, un avantage si marqué sur la première, et qui, cependant, n'est dotée, par rapport au budget de l'Algérie, que dans la proportion *de un à cent !*

Il me reste à parler de deux mesures préparatoires ayant une corrélation avec les idées que je viens d'énoncer, et dont la réalisation immédiate, vivement sollicitée par l'urgence des nécessités auxquelles elles sont destinées à pourvoir, ne serait pas sans influence sur la réussite des travaux qui seraient ultérieurement entrepris. Ce sont : l'établissement d'une école d'arts et métiers, et la création d'une ferme-modèle.

La première a déjà reçu un commencement d'exécution. Il ne s'agirait que de donner cours à un projet élaboré dans la colonie, et qui fut envoyé l'an dernier à la sanction ministérielle. Seulement, une modification me paraîtrait nécessaire dans une de ses dispositions qui place l'école sous la direction du directeur de l'artillerie, contrairement à l'opinion qui semble avoir prévalu dans la masse de la population, de la confier préférablement aux frères de Ploërmel, et d'en faire une annexe de l'école primaire que ces dignes frères dirigent avec autant de distinction que de zèle et de dévoûment. En effet, les indigènes éprouvent une invincible répugnance pour l'état militaire. L'idée de voir leurs enfants placés dans cette école, soumis aux règles du service militaire ou à des exigences qui en eussent le caractère, les en éloignerait d'autant plus, qu'ils supposaient déjà que la disposition dont il s'agit n'avait été insérée dans le projet que comme un acheminement vers l'application du décret relatif au recrutement et à l'inscription maritime, décret dont ils sont encore si vivement préoccupés, et il est facile de comprendre la cause de leurs appréhensions. Il y a là, pour la classe nombreuse des Musulmans, une question religieuse à laquelle ils subordonnent toutes les autres considérations ; le régime militaire étant inconciliable avec la libre pratique de leur religion, ils ne voyent, dans l'application de cette loi à leur égard, non plus un appel fait à leur patriotisme, non plus l'accomplissement de nouveaux devoirs qui deviennent le gage de leur fusion dans la grande nationalité française, ils n'y voyent que l'intention de porter atteinte à la liberté de leur culte, attendu, disent-ils, que toujours prêts à sacrifier leur vie et leurs biens pour la défense de la colonie et l'honneur du drapeau national, disposés à contracter, dans la limite de ces obligations, tous les engagements qui paraîtront au Gouvernement un juste équivalent des prescriptions de la loi, ils satisfont à toutes les obligations. Mais, d'une part, autoriser le libre exercice de leur culte, et, de l'autre, les assujétir à un service dont l'accomplissement serait inconciliable assurément avec les nombreuses pratiques de ce culte, ne serait-ce pas leur créer une alternative dont l'issue probable compromettrait infailliblement la sécurité du pays? En effet, la religion musulmane est aujourd'hui très-sérieusement exercée à Saint-Louis; elle y a lfait de grands progrès qui, s'ils sont un pas rétrograde dans a voie de la civilisation, seront incontestablement un puissant auxiliaire pour l'agrandissement de notre commerce et de notre puissance dans cette partie de l'Afrique. La question est donc fort grave et mériterait d'être traitée autrement que d'une manière incidente; elle fournirait la matière à de très-longs développements. En me bornant à l'indiquer à l'attention du département de la Marine, j'ai la conviction qu'elle y sera l'objet d'un intérêt spécial et d'un examen approfondi.

Mais la modification qui placerait l'école sous la direction des frères de Ploërmel recevrait au contraire un très-bon accueil. Ces frères jouissent déjà d'une grande confiance, que les soins et l'intérêt qu'ils accordent à l'éducation des enfants leur ont justement acquise. Ils se sont identifiés avec leurs mœurs et leurs besoins intellectuels et moraux, qu'ils surveillent et dirigent avec une louable émulation; ils s'efforcent d'appliquer le progrès de l'éducation et des principes de moralité qu'ils inculquent à leurs élèves, à la moralisation et à la civilisation du pays. Enfin, tous leurs actes témoignent de leurs vives sympathies pour notre population. Dès-lors, nul doute que tout le monde ne s'empressât de concourir à l'accomplissement de la nouvelle tâche qui leur serait dévolue, et ne voulût s'associer, par cette nouvelle marque de confiance, à l'expression de la reconnaissance publique.

La création d'une ferme-modèle peut se rattacher à la réorganisation que nos écoles à Saint-Louis doivent nécessairement recevoir. Les locaux affectés aujourd'hui à l'école primaire sont devenus insuffisants, et leur exiguité les rend même insalubres en raison du grand nombre d'élèves qui y sont réunis. Déjà, force a été de refuser l'admission de beaucoup d'enfants qui vont demeurer privés de l'instruction. Il est vrai que cet inconvénient auquel il eût été facile de remédier momentanément, n'est pas le seul; le personnel lui-même, qui se compose de quatre frères, à peine suffisant aujourd'hui, n'eût plus été en rapport avec l'augmentation numérique de l'école. Si le même inconvénient n'existe pas pour l'école secondaire, il est du moins incontestable que le local est par lui-même malsain, et pourra difficilement, malgré les améliorations qu'on s'efforce d'y introduire à grands frais, s'adapter convenablement à sa destination.

Il est donc urgent que l'on s'occupe de fonder un nouvel établissement qui, aux conditions d'hygiène et de salubrité, réunisse celles que comporte le système de l'internement que tout le monde s'accorde à regarder comme le seul susceptible de produire des résultats sérieux et durables. Mais en même temps tout le monde reconnaît aussi la nécessité de placer l'établissement hors de Saint-Louis, afin d'arracher les enfants aux funestes exemples qui leur sont offerts, malgré la surveillance de leurs parents, et de les fortifier dans la pratique et l'étude de la langue française, auxquelles l'usage simultané du Yolof apporte notoirement un grand obstacle.

Or, de cette nécessité reconnue et acceptée, découle l'obligation d'en combiner les conséquences avec un nouveau système d'éducation plus conforme aux véritables besoins de la population. On ne doit plus songer à donner également à tous les enfants la même éducation; il faut tenir compte des aptitudes et des positions personnelles. Le plus grand nombre est destiné, désormais, à chercher dans l'exercice des professions industrielles, des arts manuels, et dans la culture de la terre, un avenir plus sûr, et des conditions de bien-être plus certaines et plus réalisables.

Au nombre des moyens qui peuvent conduire plus sûrement à ce résultat, se place en première ligne l'agriculture; mais l'agriculture, considérée comme art, ayant pour objet d'enseigner les moyens de rendre la terre fertile, de modifier la nature végétale dans un but d'utilité, et à laquelle se lie l'éducation des bestiaux, qui renferme les éléments d'une branche d'industrie extrêmement intéressante. C'est un art complètement ignoré au Sénégal, et dont la création d'une ferme-modèle aurait pour but d'introduire et de développer la connaissance.

L'accomplissement de cette tâche serait facilité par l'établissement des écoles hors de Saint-Louis. En même temps qu'on y trouverait des éléments pour la composition du personnel de la ferme, la situation, sur un point du fleuve convenable pour la culture, permettrait de se livrer aux travaux agricoles et à la pratique des connaissances qui s'y rattachent.

Ces idées renferment le germe d'une combinaison à laquelle je ne peux donner tous les développements qu'elle comporte; mais elle me paraît devoir être féconde en conséquences heureuses pour l'avenir de notre population sénégalaise. Si cet avenir a quelque part dans la sollicitude du gouvernement, il ne saurait en offrir le témoignage le moins équivoque qu'en s'occupant de donner une prompte solution à cette question complexe qui embrasse les intérêts vitaux du pays.

Après les considérations sérieuses que je viens de présensenter, il ne me convient plus de revenir à la pétition pour me retrouver en face de ce langage si passionné, si injuste; de ces imputations outrageuses dont les signataires se montrent si prodigues. Lorsqu'on est réduit à employer de pareilles armes pour se défendre ou pour attaquer, c'est qu'on est bien près de douter soi-même de la bonté de sa cause. La violence même des attaques est la preuve de leur injustice : elle n'est pas assurément un témoignage en faveur du bon goût, de l'élévation des sentiments, encore moins un hommage rendu au dogme de la fraternité.

D'ailleurs, si en m'abstenant d'entrer dans le détail des modifications pratiques qu'il serait désirable d'apporter dans la traite, je n'ai pas examiné les motifs sur lesquels se fondent les griefs énoncés dans la pétition, je crois avoir dit tout ce qu'il était nécessaire de dire sur l'inopportunité de la demande et sur le danger qui résulterait d'un changement de système inopinément introduit dans les conditions présentes du commerce de la colonie, c'était là la question principale; le reste est un accessoire qui ne présentait aucun genre d'utilité à être traité aujourd'hui.

Cependant, je me sens forcé, avant de terminer, de m'arrêter devant une dernière considération et d'envisager les éventualités qui peuvent surgir de cette situation si tendue, et que la moindre complication peut changer en une catastrophe. Il vaut mieux voir les choses dans toute leur effrayante vérité, afin de s'appliquer à y porter remède, que de fermer les yeux pour s'épargner la peine de le chercher.

On aurait le plus grand tort de ne pas se préoccuper sérieusement de la situation des habitants du Sénégal et de considérer les doléances qu'ils font souvent entendre, comme l'effet d'un caprice, ou comme le résultat de circonstances purement accidentelles. Cette situation est profondément grave, et tient à des causes tellement inquiétantes, que si le remède ne leur vient pas de la France, ils seront contraints de le chercher ailleurs. En effet, l'habitant, courbé sous le poids d'une dette qui le rend, en quelque sorte, l'esclave de son créancier ; menacé chaque jour dans sa liberté, dans son travail qui est la vie de sa famille ; réduit à trembler de voir l'exercice de son culte entravé par l'exécution de la loi du recrutement; effrayé de la perspective de luttes et de misère que lui créerait le système sollicité par les pétitionnaires ; cet habitant serait-il coupable de fuir la misère à laquelle il est voué et qui semblerait devoir être son éternel lot, et de demander à une terre plus hospitalière des conditions de bonheur et de sécurité que son pays ne lui présenterait plus ? N'est-il pas dans la nature de l'homme de rechercher le bonheur et de placer au-dessus de toutes les autres considérations, celles qui se rattachent à l'existence et au bien-être de soi et de sa famille ? Ce n'est pas sans effroi que l'on songe aux conséquences d'une résolution suprême, d'où sortirait l'émigration d'une partie de la population indigène. Que l'on y prenne garde! la misère est une conseillère inexorable, et lorsque l'on voit tous les maux qu'elle enfante, tous les désordres qu'elle produit, il y aurait peu de raison à nier l'évidence et à traiter de chimériques des éventualités qui, après tout, seraient la seule voie ouverte pour s'arracher à ses cruelles étreintes.

Mais l'Assemblée nationale, qui chaque jour s'efforce de consolider l'ordre social ébranlé dans la métropole, ne le laissera pas périr dans les colonies. Et non moins jaloux de ses devoirs, le Gouvernement voudra étendre une main protectrice sur cette population généreuse, brave, dévouée, qui place son orgueil à défendre et à porter haut et ferme le glorieux drapeau de la France.

www.ingramcontent.com/pod-product-compliance
Lightning Source LLC
Chambersburg PA
CBHW060514050426
42451CB00009B/981